おじいさんとおばあさんが、いました。

1

おじいさんは、山へ行きました。
「暑いなあ。のどがかわいたなあ……」

「あ、水だ！」

おじいさんは、水を飲みました。

3

おじいさんは、家に帰りました。

「えっ、おじいさん？」
おばあさんは、びっくりしました。

おばあさんも、山へ行きました。
そして、水を飲みました。

たくさん飲みました。

もっとたくさん飲みました。

おばあさんは、家へ帰りませんでした。

朝、おじいさんは、山へ行きました。
「おーい、おばあさーん、おばあさーん……」

「あっ、おばあさんの着物だ！」

9

着物の中に、女の赤ちゃんがいました！

＜監修者紹介＞

NPO 多言語多読

「多言語多読」は、外国語を身につけたい人や、それを支援する人たちに「多読」を提案し、応援する NPO です。
2002 年、日本語学習者のための「読みもの」を作ることを目的に、日本語教師が集まって日本語多読研究会を作りました。2006 年に NPO 法人化。2012 年に「NPO 多言語多読」と名称を変更し、多読の普及、実践、研究、日本語の「レベル別読みもの」の開発をしています。
https://tadoku.org/

レベル別日本語多読ライブラリー（にほんご よむよむ文庫）
［スタート］
わかがえりの水

2022 年 5 月 25 日　初版 第 1 刷 発行

再話：山田 明日香（多言語多読会員・日本語教師）
作画：水野 ぷりん
監修：NPO 多言語多読

ナレーション：谷口 恵美／遠近 孝一
デザイン・DTP：有限会社トライアングル

発行人：天谷 修身
発　行：株式会社アスク
　　　　〒 162-8558 東京都新宿区下宮比町 2-6
　　　　TEL.03-3267-6864 FAX.03-3267-6867
　　　　https://www.ask-books.com/
　　　　https://www.ask-books.com/jp/tadoku/（『にほんご よむよむ文庫』公式サイト）

印刷・製本：株式会社光邦